Mônica Venerotti

Desnuda

Copyright© 2021 by Literare Books International.
Todos os direitos desta edição são reservados à Literare Books International.

Presidente:
Mauricio Sita

Vice-presidente:
Alessandra Ksenhuck

Diretora executiva:
Julyana Rosa

Diretora de projetos:
Gleide Santos

Relacionamento com o cliente:
Claudia Pires

Capa, projeto gráfico e diagramação:
Gabriel Uchima

Revisão:
Rodrigo Rainho

Impressão:
Gráfica Paym

Dados Internacionais de Catalogação na Publicação (CIP)
(eDOC BRASIL, Belo Horizonte/MG)

V456d Venerotti, Mônica.
   Desnuda / Mônica Venerotti. – São Paulo, SP: Literare Books International, 2021.
   14 x 21 cm

   ISBN 978-65-5922-194-3

   1. Literatura brasileira – Poesia. I. Título.
   CDD B869.1

Elaborado por Maurício Amormino Júnior – CRB6/2422

Literare Books International Ltda.
Rua Antônio Augusto Covello, 472 – Vila Mariana – São Paulo, SP.
CEP 01550-060
Fone: (0**11) 2659-0968
site: www.literarebooks.com.br
e-mail: contato@literarebooks.com.br

AGRADECIMENTOS

Gostaria de agradecer especialmente meu pai e minha mãe por terem me colocado aqui.

E obrigada a todos que sempre acreditaram em mim, e continuam do meu lado me apoiando, mesmo quando dei todos os motivos para irem embora.

Amo vocês, são a arte em mim, serei grata eternamente com cada parte que tenho.

Mônica Venerotti

PREFÁCIO

"Prazer, eu sou uma artista em formação."

Este é o início de uma das poesias que você encontra em Desnuda e ele diz muito sobre a autora; Mônica tem a essência de artista, a sensibilidade, os sentimentos aflorados e o dom de colocar essas emoções em palavras.

A gente passa a vida em busca da felicidade, mas você já parou para pensar que o único jeito de sabermos que a felicidade é boa é ter vivido várias outras sensações? E é isso que você encontrará nas próximas páginas, várias emoções!

Quando digo que a Mônica tem o dom, é porque lendo as poesias eu viajei no tempo e lembrei de vários momentos que vivi: as paixões, os desejos e os anseios da juventude. Mas também relembrei os medos, o vazio e as dúvidas.

Este não é um livro sobre adolescência ou algo assim, mas retrata os nossos primeiros contatos com vários sentimentos, e são essas experiências que nos tornam quem somos. Permitir-se sentir é se permitir viver!

E um conselho que eu dou: se permita viver, Desnuda.

Lila Polese

SUMÁRIO

EU 7
MINHA PERSPECTIVA 8
ALMA PESADA 9
"TÁ TUDO BEM?" 10
CORDA BAMBA 11
ADOLESCÊNCIA 12
AQUI DENTRO 13
INCÊNDIO 14
MEDO 15
LIGAÇÃO PERDIDA 16
POR QUÊ? 17
CORTES 18
ARRANCOU-ME O AMOR 19
REFLEXO ASSUSTADOR 20
FOI ELA OU EU? 21
O CAOS 22
FLORESCI 23
BORBOLETAS NO ESTÔMAGO 24
ELA 25
A BELEZA DELA 26
AOS MEUS OLHOS 27
POR VOCÊ 28
DE ACORDO COM O CORAÇÃO 29
MÚLTIPLAS VERSÕES 30

SEMPRE VOCÊ	31
LOOPING	32
ANESTÉSICO NATURAL	33
AS ASAS DO AMOR	34
MINHA RAZÃO (VOCÊ)	35
TEMPO	36
LER O SEU CORPO	37
O SOL SABE DE VOCÊ	38
CORPOS NUS	39
NA MEMÓRIA	40
SERÁ?	41
VAZIO QUE EXPLODE	42
CONFUSÃO, BAGUNÇA	43
MORTE CONSTANTE	44
MARATONA	45
VIDA DE ENFEITE	46
VIVA, MAS VAZIA	47
RENASCIMENTO CONSTANTE	48
MORADA	49
CAMINHO DE CASA	50
EU TE AMO!	51
FRASES RASAS	52
VIVA NA ALMA	53
DOR IMPLÍCITA	54
CAMPO SEGURO	55
DESNUDA	56

EU

Prazer, eu sou uma artista em formação,
artista em formação,
nossa, quanta informação!
É tipo quando você gosta muito de uma nova canção,
você ouve uma vez e sente uma conexão com ela, e ouve de novo, e de novo, e de novo, até conhecer sílaba por sílaba,
palavra por palavra,
e, ainda assim, tem o ritmo, a batida, e mais um monte de coisas a se aprender.

Sua única certeza é que você a ama desde a primeira vez que ouviu e que não é uma daquelas músicas que a gente ouve tanto que enjoa, ela é pra sempre,
e é isso que a arte significa pra mim
ela apareceu, e eu só disse sim!
Foi tão intenso e forte quanto um tom vermelho carmesim,
eu por ela até o fim da minha vida, e ela por mim.

MINHA PERSPECTIVA

Amor é liberdade,
amor é arte,
amor é assistir ao pôr do sol no fim da tarde,
o amor é ter vontade de viajar pra Marte em uma terça-feira qualquer
e ficar de braços abertos para o que der e vier.

ALMA PESADA

Eu tô cansada,
eu não quero mais viver,
eu não quero mais crescer,
meu corpo tá cansado,
eu sinto a minha alma pesada,
energia não vem como se fosse mesada,
infelizmente não,
porque se viesse, isso aqui seria uma canção, mas não
é um pedido de ajuda, eu tô caindo,
me deixa segurar na sua mão?

"TÁ TUDO BEM?"

Uma pergunta tão simples, que deveria ser precisamente respondida com um sim ou não,
mas respondê-la me deixa com um aperto no coração.
Se eu mentir que sim, vai ter essa percepção?
E se eu admitir que não, você me deixaria segurar sua mão ou eu teria que ouvir um sermão?

CORDA BAMBA

Vontade de viver não se compra,
sei lá, eu tô ficando tonta
acho que eu tô numa corda bamba, bem na ponta, eu já caí
daqui tantas vezes que já perdi a conta,
mas eu não quero perder o equilíbrio dessa vez,
preciso contar até três, e voltar para o começo da corda bamba,
mas não quero mais fazer de conta, eu não consigo parar de ficar tonta.
É essencial que eu me equilibre, mas não sei se estou pronta.

ADOLESCÊNCIA

Eu sou constantemente julgada,
é impressionante como estou sempre errada.
Tento conversar e defender minha opinião,
mas não posso, pois supostamente estou me achando a dona da razão.
É difícil pra mim também.
Perco a vontade de ir além,
e em vez de querer ficar e fazer o bem,
eu só quero desaparecer sem nem ter que contar até cem.

AQUI DENTRO

Eu me sinto vazia, incompleta,
mas ao mesmo tempo me sinto preenchida e suficiente,
algo toma conta do meu corpo, minha alma e minha mente,
não consigo identificar o que é exatamente.
Eu preciso de alguém, eu preciso de algo,
eu preciso de qualquer coisa que me faça ter coragem para continuar.
Eu não quero desistir, mas estou cansada de seguir lutando,
alguma hora eu sei que vou parar.

INCÊNDIO

Fogo
calor
tudo queimando
tudo desmoronando
eu só tava me apaixonando
meu coração tatá espumando
de ódio
de dor
não almejo esse tipo de calor.

MEDO

Medo de o meu coração expirar antes que eu consiga falar tudo que preciso falar,
medo de eu não conseguir mostrar ao mundo o que eu tenho pra mostrar,
medo da minha alma não conseguir voar,
medo de perder você antes que a gente possa se abraçar,
medo de ir embora antes que dê tempo de você voltar.

LIGAÇÃO PERDIDA

Oi, eu liguei e você não atendeu.
Eu sei, deve estar muito ocupado, cuidando do alguém que agora é seu.
Não quero atrapalhar, mas não consigo evitar de lembrar de como foi quando a gente se conheceu.
Você dava tanto valor para o coração,
por que fez isso com o meu?
Às vezes, me pego pensando se você se arrependeu,
doeu abundantemente em mim, e em você, doeu?

POR QUÊ?

Era uma vez
por que uma?
por que não duas?
por que não três?
essa uma vez teve um ponto final
e nos tornamos estranhos de novo
nossa música tocou
e eu não senti nada
você já não entende as falas da minha alma
o que ela quis dizer
é que foi você que fez doer.

CORTES

Traços
linhas
resquícios de uma tentativa falha de acabar com tudo
ou várias tentativas
decepção
seguida de frustração
seguida da quebra de um coração
ou dois
ou três
e tudo se repete mais uma vez...
você me pede perdão, e eu seguro sua mão, com ar de compreensão,
mas você erra de novo, dizendo mais uma vez que essa é sua forma de alívio e expressão.

ARRANCOU-ME O AMOR

Me perdoa, o que eu fiz?
Só queria te fazer feliz,
me dói que meu amor não foi o suficiente, você entrou na minha mente
de um modo ruim,
não era para ter sido assim,
você me fez desacreditar no que mais era mantido em mim.

REFLEXO ASSUSTADOR

Tá doendo muito
nunca doeu tanto
tá me consumindo
me rasgando
tenho medo de mim
dos meus pensamentos
não quero mais ser assim
preciso voltar a ser ela
aquela pessoa que eu era,
mas ela já morreu
e o medo só cresceu.

FOI ELA OU EU?

Isso tudo tá me matando,
me sufocando,
me apertando, me encurralando.
A vida perdeu um pouco do encanto
ou fui eu que perdi?
Mas eu não quero deixar de sorrir,
portanto, vou afastando o pranto
de pouquinho em pouquinho, bem devagarinho,
mas aí o encanto parte de fininho
e a dor volta a matar,
a sufocar,
a apertar e encurralar,
onde isso vai parar?

O CAOS

Eu olhava pra ele
de longe, sabe?
Mas ao mesmo tempo bem de pertinho,
ele queimava,
tudo incendiava,
uma voz gritando por socorro,
mas ninguém escutava,
tudo prestes a explodir,
mas alguém começou a ouvir,
escancarou a porta e apagou o incêndio,
mas acendeu outro, dentro de um coração...
Eu era o caos
e ela, esse alguém,
agora o caos pertence a ela, e a mais ninguém.

FLORESCI

Você tentou me matar,
mas falhou.
Eu voltei a florescer,
a chuva me molhou,
o sol me esquentou,
meu pássaro favorito cantou,
e a arte me salvou.

BORBOLETAS NO ESTÔMAGO

Perfeitamente dançando de acordo com as batidas do meu coração, aceleradas pelo seu sorriso que me faz querer usar palavras ditas exageradas para descrever.
Eu fico deslumbrada e dessa vez eu admito, fui flagrada.
Flagrada te querendo com cada borboleta, e com cada batida do meu coração.
Eu te amo tanto, tudo isso vai muito além de apenas atração.
Eu simplesmente não posso dizer não.
Simplesmente deixo a aglomeração de borboletas dançarem sob o ritmo da nossa paixão.

ELA

Ela é tipo o sol,
brilhante,
radiante,
ilumina até quem tá distante,
e tudo fica melhor em um instante.
As curvas dela,
mais bonitas do que as de um violão,
tão harmônicas quanto uma canção.
Ela é tipo a lua,
de sua boca saem palavras melífluas,
e até de noite ela ilumina a rua.

A BELEZA DELA

Mais linda do que um pôr do sol em Copacabana,
o brilho que ela emana
é surreal,
angelical,
mais hipnotizante do que uma aurora boreal,
tão impactante quanto o barulho de uma chuva forte numa segunda-feira à tarde,
o calor no corpo dela é como a lava escorrendo de um vulcão,
acendendo a paixão,
esquentando também o meu corpo e o meu coração.

AOS MEUS OLHOS

Se você se visse como eu a vejo,
entenderia meu desejo,
brilhante é pouco para o seu coração esplêndido,
teu corpo,
teu beijo,
eu a vejo,
almejo,
sua beleza
deslumbrante,
exuberante,
arranque os meus olhos e coloque no lugar dos seus,
talvez assim seus desejos sejam vistos como os meus.

POR VOCÊ

Eu rasgaria o adesivo grande do meu caderno por você
mesmo que tu não fosse ver.
Gosto tanto de você,
faria de tudo para te ter,
me faz de abrigo
como a lua e o sol.
Eu não quero ser só seu amigo.
Vem, brilha comigo!

DE ACORDO COM O CORAÇÃO

Amar você já é tão natural quanto respirar
eu não preciso me esforçar
e eu não posso parar
não consigo evitar de me apaixonar,
mas eu nem quero
obrigada
só você faz meu coração vibrar.

MÚLTIPLAS VERSÕES

Às vezes, me pergunto se você ainda me amaria se conhecesse essa versão de mim...
Minha versão de cabelo bagunçado e rosto inchado de sono, minha versão que não se arruma e às vezes não tem vontade nem de se levantar,
minha versão que só sabe sonhar,
minha versão que só quer chamegar e conversar como se não tivesse hora pra parar.

SEMPRE VOCÊ

Todas as minhas palavras de amor são sobre você
cada verso meu
cada estrofe
cada poesia
cada sílaba
e cada letrinha minha também.

LOOPING

Peso
cansaço
tudo desmoronando
caindo
e se reconstruindo,
mas tombando de novo
tudo aconteceu mais uma vez
e duas
e três
eu não aguento mais
tô a ponto de pirar de vez.

ANESTÉSICO NATURAL

Ela
ela é filosofia
ela é poesia
ela é pura harmonia
ela é um banho quente em uma madrugada fria
adormece toda a dor, como se fosse anestesia,
e minha alma transborda de alegria.

AS ASAS DO AMOR

O mais perto que eu já cheguei de voar
é sempre a mesma sensação quando eu encontro o seu olhar,
é uma sensação de sair na chuva com a intenção de se molhar,
assim como desfolhar uma flor
bem-me-quer, malmequer,
bem-me-quer!
Sempre,
e você deixa isso claro e evidente,
amo dizer em alto e bom tom que sua voz é um lindo som,
meu favorito,
eu amo você, nosso amor foi manuscrito!

MINHA RAZÃO (VOCÊ)

Amo os sinais que seu coração me dá
amo te conhecer a ponto de entender o que seu corpo quer
me falar
me carrega contigo
me faz de abrigo
tu é meu motivo de sorrir
meu motivo de sentir
muito obrigada por existir.

TEMPO

Tenho medo de não mais tê-lo,
de perdê-lo,
de ele não ser o suficiente,
medo de me arrepender mais pra frente,
mesmo que seja só eu enganando a minha mente.
O medo mexe com o coração da gente,
medo do próprio tempo,
de ele acabar,
de ele não voltar,
ou de ele não andar,
mas tudo bem, isso vai passar,
e o tempo também vai caminhar.

LER O SEU CORPO

Com os olhos
com a boca
com a mão
com a alma
com o coração
a cada página que passa menos eu consigo dizer não
e mais eu quero ler
explorar
descobrir e aprender
a cada capítulo tenho mais e mais certeza de que é você
e de que o nosso amor vai pra sempre viver.

O SOL SABE DE VOCÊ

A lua
e as estrelas também,
contei pra todos eles
do nosso amor,
do nosso ardor,
do seu calor,
da nossa dor também,
porque ela eventualmente vem,
mas o nosso afeto vai muito além,
não quero ser de mais ninguém.

CORPOS NUS

Colados
ofegantes
molhados
suados
sonhando acordados
almas entrelaçadas
e as mãos também
a conexão vai muito além
é um encontro de corpos
e de almas também.

NA MEMÓRIA

Eu já decorei o seu rosto inteiro,
cada traço seu,
cada detalhe,
cada uma de suas sílabas,
cada uma de suas palavras,
toda a dor foi dizimada.

SERÁ?

Meus pés estão presos ao chão, mas a minha mente, não!
Eu quero sonhar, eu quero realizar, mas pra isso eu preciso batalhar
e eu sei que vou suar, mas não sei se estou pronta para me cansar.

VAZIO QUE EXPLODE

Uma angústia,
sufoco,
sensação de que aqui dentro tá tudo oco,
mas não tá,
está lotado,
tudo cheio,
nada vazio,
tudo transbordando tanto,
transbordando a ponto de acabar,
mas isso tem que parar,
não posso deixar de me amar,
não vou me abandonar!

CONFUSÃO, BAGUNÇA

Olhar-me no espelho e não me ver
essa não sou eu
não é quem eu quero ser
sempre me assusto quando começa a doer
tudo aqui começa a se corroer
eu quero muito ir,
mas não quero deixar você.

MORTE CONSTANTE

Você me mata todos os dias
não tem mais essa de tentar me matar
a tentativa é tão constante quanto o sucesso
e eu não aguento mais
já estou desgastada, não sobrou nada
sinto sua falta, mas já não tenho fragmentos meus pra te dar
não tenho uma peça sequer
por favor, decide
eu imploro, suplico.
Você quer ou não quer?

MARATONA

Eu já estou farta,
farta de dar um passo e voltar para a linha de largada,
tô cansada,
mas, apesar da exaustão, continuo tentando,
ficaria triste em desistir, mas eu estou cogitando
sem parar, você vai e volta
e ainda tem a audácia de dizer que não entende o motivo da
minha revolta.

VIDA DE ENFEITE

Ter a vida, mas não viver
vai ser assim se eu perder você
tu arrancou minha vontade de querer morrer
não consigo mais me desprender
e eu não quero esconder
quero gritar, espernear
que é você que pra sempre eu vou amar.

VIVA, MAS VAZIA

Aqui jaz o corpo de uma pessoa que ainda não deveria
tão cedo vista, tão tarde percebida
sempre a abordavam, mas ninguém a ouvia
constantemente sorria, mas ninguém a compreendia, ela fingia
e, de repente, num piscar de olhos, chegaram ao fim os seus
momentos de euforia.

RENASCIMENTO CONSTANTE

Fugir é fácil,
viver que é difícil,
sobreviver é complicado,
aguentar é desgastante,
mas você arrancou minha vontade de querer morrer,
invadiu,
adiu todo o melhor de mim,
tomou posse de tudo que sempre lhe pertenceu,
e toda a minha dor, que parecia irrevogável, simplesmente
desfaleceu.

MORADA

Você pegou meu coração
e tá consertando ele
de pouquinho em pouquinho,
pedacinho por pedacinho.
O amor bateu na porta e entrou de fininho,
eu quero que ele fique,
eu o quero aqui,
eu quero você aqui
pra sempre!
Ei, amor, pode ficar,
eu não vou expulsar,
desta vez, eu não vou deixar você escapar.

CAMINHO DE CASA

Minhas borboletas só batem as asas pra ti
você as trouxe de volta
me trouxe de volta pra mim
eu estava perdida
me encontrei
te encontrei
nos encontramos
e o caminho de volta até você eu já decorei.

EU TE AMO!

Tem muito de você que eu ainda quero conhecer,
tem muito de mim que eu preciso lhe apresentar
e tem muito da gente para se completar...
Não importa se uma afundar e a outra sem querer tropeçar,
a gente vai se salvar.
Você ainda tem muito a me acrescentar
e eu ainda tenho muito de mim pra lhe entregar,
não importa se a gente tiver que recomeçar
ou até mesmo retomar,
eu só sei que vou te amar.
Me deixa te segurar,
prometo que não vai se lastimar.

FRASES RASAS

Eu te amo é uma frase muito rasa pra profundidade que eu sinto
é como se estivesse no topo de uma montanha
e o sentimento fosse mais profundo do que a queda de um abismo
eu só sinto você
te sinto na intensidade dos romances de Shakespeare
na intensidade da beleza de uma flor que é tão linda que te prende
e você não consegue mais desviar o olhar dela
contigo é assim, te sinto desde a primeira vez que te vi por uma tela.

VIVA NA ALMA

Arranque-me a vida, se ao seu lado não posso viver.
Arranque-me o coração, se em harmonia com o seu ele não pode bater.
Arranque-me os olhos, se quando olho no espelho não posso mais a ver.
Arranque-me as memórias, se nelas já não posso lembrar-te.
Arranque-me as mãos, se elas não podem mais tocar você.
Só não me arranque a alma, pois nela viva ainda posso te manter…

DOR IMPLÍCITA

Ambiciosa por amor
por paz
por perseverança
por calor
eu estava perdida
fria
só o ódio perseverava
eu me esqueci lá
o meu eu cheio de resiliência disse um suposto adeus,
mas evoluí
e a tal despedida tornou-se um até já
hoje a metamorfose é constante
a transformação é excitante
ninguém via a manipulação
finalmente me libertei daquela involuntária mutilação.

CAMPO SEGURO

Você é o meu girassol
eu preciso de você para crescer e evoluir
estarei sempre te seguindo e buscando você como o meu lugar seguro
e nos dias em que o sol não brilha
sorrio para ti, e você para mim
juntos sorrimos para o campo inteiro
e mesmo assim, quando ele brilha
preenche-me com a sua luz, e eu a preencho com a minha.

DESNUDA

Nua,
pelada,
mas cheia de roupas,
atolada de palavras,
explodindo de sensações
como um infinito de emoções
é isso que eu sou,
é isso que o amor é,
é isso que tem aqui dentro,
na alma,
no corpo,
na voz,
na minha arte,
no meu sentimento
e na minha mente.